Johanna Ingrid Preibisch

ALLES MUSS RAUS!

ausgewählte Gedichte

Bibliografische Information der Deutschen Nationalbibliothek: Die Deutsche Nationalbibliothek verzeichnet diese Publikation in der Deutschen Nationalbibliografie; detaillierte bibliografische Daten sind im Internet unter http://dnb.dnb.de abrufbar.

Layout: Ulrich Conrad

Korrektorat: Karl Rodenberg

Einbandgestaltung und Grafiken:
Karl Rodenberg

Herstellung und Verlag:
BoD – Books on Demand, Norderstedt

ISBN: **9-783756-891290**

Inhalt

Alles muss raus 11

1. Advent 12

Alles Gute 13

Der ärgste Feind 14

Alte Freuden 17

Abschied von einem treuen Phänomen 18

Achtsamkeit ist möglich 20

Alle Jahre wieder nichts 22

Alles Trübe 24

Angekommen 26

Ansehn 27

Auf die Werte kommt es an 28

Auf der Bank 30

Auferstehn 31

Aufgehorcht 32

Aus dem Rahmen gefallen 33

Aus dem Rahmen 34

Ausgesuchte Süchte 35

Aus die Maus 36

Ausgeträumt 38

Beifallzwang 39

Bei aller Liebe   40

Bethlehem im Jahre Null   42

Buttercreme   45

Blauäugig   46

Bim Bam Weihnachtsmann   48

Das alte Jahr   49

Da is imma noch wat offm   50

Das Alter kommt   52

Das Leben ist kurz   55

Das Haus im grünen Tal   56

Das Leben sorgt für manche Pointe   58

Dein Bestes   59

Das Recht auf Haben   60

Déjà Vu   62

Dem Leben auf der Spur   63

Denn ebend nich   64

Der Anrufbeantworter   65

Der erste Schritt   66

Der Gockel   68

Der Ichling   69

Der große Walter   70

Der Hass   72

Der Letzte   73

Der Mensch begreift das was er kann   74

Der Mensch lebt nicht   75

Der Sommer ist vorbei   76

Der Torso   77

Der Winter kommt   78

Die Allerbeste   79

Die alte Leier   80

Die Dummheit war und bleibt der Mist   82

Die Einheit zwischen Kopf und Bauch   83

Die falsche Nähe   84

Die Gedanken sind zu frei   86

Die Jedankn sin frei   88

Die einzig wahre   89

Die neue Plage   90

Die Stummheit   92

Die Traumtänzer   94

Die Zecke   96

Ich weiß nicht was soll das bedeuten   97

Draußen vor der Tür   98

Dreister Humor   100

Dumm gelaufen   101

Du hast die Wahl   102

Hoffnungswahn   104

Krämerseelen   106

Quergereimt   110

Selbstdarsteller   111

Störenfried   112

Von der Rolle   113

Verlorene Kinder   114

Von unten   116

Von wegen   118

Vorm Spiegel   120

Wahre Schätze   122

Wandervögel   124

Wat wäre, wenn...   126

Weil ick Lehra bin   128

Wenn der Eros sichtbar schwindet   130

Wird schon   131

Wenn ich du wär   132

Wenn ich einen Partner hätte   134

Wenn vieles wieder rückwärts geht   136

Wer ist der Nächste?   138

Wie für uns gemacht   140

Wieder sehn   142

Wo die Vernunft sich so beschränkt   144

Worte und Taten   145

Zeit der Erwartung   146

Ziemlich haarig   148

Zappendusta   150

Zukunftsfreude   151

Zum Abschied   152

Zum Kotzen   153

Beratung bei der Bank   154

Bettelstaaten   156

Dämlich   157

Burnout   158

Das Ende kommt mit Riesenschritten   160

Das geht mich überhaupt nichts an   162

Und tschüss   164

Über mich   166

In eigener Sache   168

Alles muss raus

Alles muss raus
in die Sonne ans Licht
Blütenpracht – Welch eine Wonne!
So edel und schlicht

1. Advent

Advent, Advent,
und alles rennt
auf Märkte, in Geschäfte,
wo man die schönste
Zeit verschenkt
und seine letzten Kräfte.

Geschenke sind
nur dazu da,
die Leere auszufüllen,
die Jahre lang
kein Thema war
und die doch alle
fühlen.

Die Ankunft ist
ein Untergang
der Hoffnung auf ein Leben
abseits von Gier
und Wohlstandszwang.
Man hat nicht mehr zu geben.

Wir sollten alle
im Advent
an die Bedeutung denken
und jedem Lichtlein,
das nicht brennt,
etwas Beachtung schenken.

Alles Gute ...

Sag mir nicht,
dass du mein Freund bist,
so als ob du mir was schenkst.
Ich weiß, wer damit gemeint ist
und an was du dabei denkst.

Du hast viel zu viel vergessen,
warst mir selten richtig nah,
und du konntest nie ermessen,
was mir wirklich wichtig war.

Deine Freundschaft ist vergänglich,
flüchtig wie ein Augenblick.
Du belügst dich lebenslänglich
auf der Suche nach dem Glück.

Alles Gute wird dich finden,
aber du wirst nie verstehn,
warum die Gefühle schwinden
und wohin die Jahre gehn.

Der ärgste Feind

Die Widersprüchlichkeit im Denken,
im Streben, Handeln und im Lenken
bewirkt bei manchen das Gefühl,
das Böse sei oft mit im Spiel.

Doch man verdrängt so gut es geht
die Angst und fragt sich viel zu spät,
wie es zu der Bedrohung kam.
Man nimmt gern falsche Gründe an.

Man wähnt die Freiheit in Gefahr,
die doch so lange sicher war,
und glaubt nur allzu gern daran,
dass man sie sich erhalten kann.

Kein Mensch fragt nach der Freiheit Ziel,
wo man nur will und möglichst viel.
Die Zwänge werden kaum gesehn,
bis ganze Länder untergehn.

Da wird die Schuld sehr schnell erkannt,
es war – na klar – das ganze Land,
der Einzelne, der all das machte,
weil er an seinen Vorteil dachte.

Natürlich zahlt man nicht dafür.
Da steht bald jeder vor der Tür
und bettelt um mehr Sicherheit.
Das ist zu dreist, nein, tut uns leid.

Die Freiheit schränkt man nicht gern ein,
aber es wird wohl nötig sein,
um das zu retten was uns nützt
und vor dem ärgsten Feind beschützt.

Der lauert schon in allen Ecken,
vermag sich sehr gut zu verstecken
und kennt uns leider ganz genau.
Wen wundert's, er ist ziemlich schlau.

Und immer dann, wenn wir nicht wissen,
was wir gerade glauben müssen,
beweist er uns durch eine List,
dass seine Wahrheit stärker ist.

Unmenschlich, grausam und brutal
ist er inzwischen überall,
und keiner kann sich das erklären.
Wie soll man sich dagegen wehren?

Man hat doch niemand was getan.
Im Gegenteil, man ging voran
mit Recht und Freiheit und viel Mut.
Die Grundidee war immer gut.

Nur das Motiv ist kaum zu fassen:
Wir haben uns begeistern lassen
für eine große Illusion.
Wer das erkannt hat, weiß es schon.

Nichts hält die Gläubigen noch auf,
sie nehmen Krieg und Not in Kauf,
das Menschenrecht ist nicht viel wert,
wenn sich die Freiheit gründlich wehrt.

Das Böse hat schon längst gesiegt,
und manches Flugzeug, das da fliegt,
zerstört am Ende tausendfach.
Kaum einer denkt darüber nach.

Wer immer auch betroffen ist,
man trauert, spendet, doch vergisst
sich wirklich einmal selbst zu fragen,
was wir der Welt zu geben haben.

Alte Freuden

Wenn du wieder einmal denkst,
dass du gar nichts wert bist,
du den anderen nicht das schenkst,
was doch so begehrt ist,
schau dir eine Blume an,
sing ein Lied und träume,
dann entdeckst du irgendwann
in dir neue Räume.

Und du gehst von Tür zu Tür,
schaust hinein und freust dich:
Was du siehst gehört zu dir,
lang her oder neulich.
Alte Freuden sind noch da
in so vielen Räumen,
gehen dir noch immer nah,
nicht nur in den Träumen.

Abschied von einem treuen Phänomen

Nun heißt es also Abschied nehmen
von einem treuen Phänomen
Man muss den Namen nicht erwähnen,
denn nichts daran ist wirklich schön

Der Mensch fühlt sich zwar sehr verbunden,
doch diese Bindung ist fatal
Nur Sehnsucht und so viele Stunden
voll Frustration und Seelenqual

Wo negative Kräfte walten,
da fängt der Mensch oft damit an,
sich eine Scheinwelt zu gestalten,
die er nicht mehr verlassen kann

Er braucht den Wunsch, die Traummomente,
den Anschein einer heilen Welt,
was ihm nur eines bieten könnte,
und das bekommt er für sein Geld

Er konsumiert die Sehnsucht heimlich
und hofft auf eine Illusion
Die bloße Gier ist ihm zwar peinlich,
aber die Wirkung tröstet schon

Und schließlich wird es unerträglich,
das Phänomen, das ihn besitzt
und das der Mensch noch lange kläglich
vor jederlei Kritik beschützt

Erst spät entschließt man sich zu lassen,
was bisher doch so wichtig war,
und man entdeckt die Zeit in Massen,
die Freiheit – einfach wunderbar!

Achtsamkeit ist möglich

Wenn das Workout nicht mehr fruchtet
und das Burnout langsam droht,
wenn man Tag für Tag nur schuftet,
dann entsteht Erklärungsnot.

Achtsamkeit wird gern empfohlen,
etwas, das man lernen kann,
um sich wieder Kraft zu holen
für die Arbeit mit Elan.

Leider gibt es einen Haken,
denn so mancher lernt zuviel
und begreift die eigenen Macken
nun auch plötzlich mit Gefühl.

Jahrelang hat er betrachtet,
was die Umwelt Schrilles trieb
und dabei doch kaum beachtet,
dass man selbst nicht schadlos blieb.

Plötzlich sieht man wie im Spiegel
Wahrheit, die man gern verschweigt.
Jede Arbeit ist von Übel,
wenn sie solche Folgen zeigt.

Und man hinterfragt vor allem,
ob das Lernen nötig ist,
oder man –ohne zu fallen –
besser nur den Job vergisst.

Ganz allmählich lernt man achten,
was man allzu oft vermisst
und fängt an das zu betrachten,
was von einem übrig ist.

Diesen Rest will man behalten
und genießen – völlig frei.
Man gehört nicht zu den Alten,
nichts ist hier und jetzt vorbei.

Mutig strebt man in die Rente,
um dem Fall zu widerstehn.
Achtsamkeit bringt keine Wende,
nur die Möglichkeit zu gehn.

Alle Jahre wieder nichts

Auf einem Silvesterball
hat man oft die freie Wahl
zwischen Pest und Cholera
für den Start ins neue Jahr.

Und schon wieder Sekt mit Schnittchen,
Zwerge tanzen mit Schneewittchen
fröhlich durch den großen Saal
bis zur nächsten Damenwahl.

Plötzlich hört man einen Schrei,
gleich ist dieses Jahr vorbei
und man zählt vergnügt zurück.
Prosit Neujahr, neues Glück!

Alles liegt sich in den Armen,
Tradition kennt kein Erbarmen,
und für manchen jungen Mann
fängt das Jahr besch… an.

Denn es gibt hier viel mehr Frauen,
die nach einem Partner schauen,
Männer hängen an der Bar
oder sind erst gar nicht da.

Abgeknutscht und weg gerissen -
manche Frau kämpft ganz verbissen —
rettet Mann sich auf das Klo,
die drei andern ebenso.

Draußen harrt die große Meute
potenzieller Ehebräute,
und es gibt kaum ein Entrinnen.
Mann muss eine List ersinnen.

Langsam gehn die Lichter aus,
manche wollen schon nach Haus,
doch die letzten tapferen Acht
halten immer noch die Wacht.

Plötzlich öffnet sich die Tür
und man sieht die tapferen Vier
pärchenweise eng umschlungen,
lächelnd, völlig ungezwungen.

Und die Frauenmasse starrt,
dieser Anblick trifft sie hart.
Das ist deutlich trotz des Lichts.
Neues Jahr und wieder nichts.

Alles Trübe

Guten Morgen, meine Liebe,
schau mich bitte nicht so an.
Wieder mal ist alles trübe,
weil ich gar nichts machen kann.

Kaum erwacht, muss ich dran denken,
was mich alles derzeit quält,
und anstatt mich zu beschränken,
zähl ich auch noch auf, was fehlt.

Liebe, Freude, Sonne, Geld
und die Kleinigkeiten,
die mir in der kleinen Welt
Spaß und Glück bereiten.

Müde bin ich und gefangen,
alles scheint mir furchtbar schwer
und ich hab nur ein Verlangen:
Bitte, keine Sorgen mehr.

Schlafen, Träumen, Zeit vernichten,
alles geht einmal vorbei.
Ich kann gut auf Geld verzichten,
aber nicht die andern Drei.

Langsam schließe ich die Augen
und versuche sie zu sehn.
Doch, um noch an sie zu glauben,
müsste ich nach draußen gehn.

Angekommen

Ich bin da, wo ich schon war.
Hab ich mich verirrt?
Oder ist ganz einfach klar,
dass nichts anders wird?

Alles ist mir so vertraut,
nur nicht ganz geheuer.
Manches war schon tot geglaubt
und erscheint jetzt neuer.

Kann es sein, dass dieses Ziel
Anfang ist und Ende?
Dass es das ist, was ich will,
ohne neue Wende?

Mein Gefühl ist wunderbar
leicht und unbeschwert.
Ich bin da, wo ich schon war,
aber nicht verkehrt.

Alles was ich haben will,
kann ich jetzt auch geben
und das schönste Glücksgefühl
jederzeit erleben.

Ansehn

Klatsch und Tratsch sind wunderbar,
damit macht man jedem klar,
dass man viel Interesse zeigt,
zusieht was die Umwelt treibt
und das eben dem verkündet,
der das Ganze furchtbar findet.

Welch ein Ärger, welch ein Segen!
Tratsch kann wunderbar beleben,
denn wer über andere spricht,
sieht das oft als seine Pflicht.
Man ist der, der informiert,
und der andre reagiert.

Manchmal schleicht sich Häme ein,
Neid und Rachsucht, ganz gemein.
Und bevor man sich noch stoppt,
wird gemeinsam losgemobbt.
Doch am Ende war man's nicht,
alles war nur ein Gerücht.

Eigentlich erkennt man schnell
das spezielle Naturell:
Blanke Neugier mit viel Frust,
fest gepaart mit Redelust.
Es ist nicht zu übersehn,
denn es findet Ansehn schön.

Auf die Werte kommt es an

Innre Werte sind zwar schön
Aber selten gleich zu sehn
Und beim ersten Rendezvous
Hört nur Frau genauer zu

Jung, schön, dumm und sehr naiv
Wirkt auf Männer attraktiv
Doch bei Frauen, meine Herrn,
Sieht man so was gar nicht gern

Geistreich müssen Männer sein,
Liebeshungrig und allein
Stark und immer sehr verlässlich
Und natürlich auch nicht hässlich

Treue, Liebe, Dankbarkeit,
Mitgefühl und Zärtlichkeit
Arbeitseifer und viel Kraft
So ein Mann, der alles schafft

Werte kommen leicht abhanden
Wo sich zwei zusammenfanden
Die sie so verschieden sehn
Und sich deshalb nie verstehn

Und dann kommt es auf Werte an
Die man auch behalten kann
Wenn der Mann das Weite sucht
Und auf alle Frauen flucht

Auf der Bank

Es wär wirklich wunderschön,
wenn es jemand gäbe,
der sich traut, mit mir zu gehn
auf dem besten Wege.

Ich hab viel umsonst gehofft
und noch mehr gelitten.
Liebe führt nur allzu oft
zu gewagten Schritten.

Aber ich hab auch gelernt,
niemals aufzugeben
und mich still von dem entfernt,
was mich stört am Leben.

Heute sitz ich auf der Bank,
schau verträumt ins Blaue
und sag leise: „Gott sei Dank,
dass ich mich noch traue."

Auferstehn

Wenn ein Ende bald erreicht ist,
das Verlieren wieder leicht ist,
träumt der Mensch vom Neuanfang,
immer wieder, lebenslang.

Und er hofft und wünscht von Neuem,
kann sich wieder richtig freuen
und genießt die kleine Welt,
die er sich zusammenstellt.

Keine Frage, es ist schön,
wenn die Träume auferstehn
und Gefühle sie begleiten,
die viel Stolz und Glück bereiten.

Aber irgendwann wird klar,
dass das noch nicht alles war.
Man vermisst die Perfektion
und befürchtet Illusion.

Zweifel nagt an den Gefühlen,
man beginnt das Glück zu spielen
und bemerkt erst viel zu spät,
dass es so zu Ende geht.

Wenn das Ende bald erreicht ist …

Aufgehorcht

Ich möcht' dir auch ein bisschen schaden
und jetzt eine rauchen.
Du redest ständig übers Haben,
Kaufen und Gebrauchen.

Du fragst nicht mal, wie's mir so geht
und laberst heiter weiter.
Und wenn der Rauch im Raume steht,
wirst du Prinzipienreiter.

Du sprichst von Unvernunft und Kraft,
Gesundheit und dem Willen,
mit dem man wirklich alles schafft.
Das sähe man bei vielen.

Die hätten einfach aufgehört,
von einem Tag zum andern. –
Der letzte Satz hat mich verstört,
und die Gedanken wandern …

Aus dem Rahmen gefallen

Manchmal fällt man aus dem Rahmen
und begreift, man war ein Bild.
Menschen, die von weit her kamen,
haben das schon oft gefühlt.

Jeder sah sie nur als Gruppe,
einheitsgrau und unbequem.
Andern warn sie einfach schnuppe,
wurden lange nicht gesehn.

Irgendwann jedoch geschieht es,
dass sich einer über Nacht
mit der Hilfe eines Liedes
plötzlich deutlich sichtbar macht.

Man erkennt ihn und man nennt ihn
den, der aus dem Rahmen fällt.
Man beklatscht ihn und man trennt ihn
von den Farben seiner Welt.

Aus dem Rahmen

Du kannst mich, wenn du willst, beneiden
um meine Unabhängigkeit,
und weiterhin darunter leiden,
dass sich dein Herz nie richtig freut.

Du siehst die Freiheit nur als Glücksfall,
hast ewig Angst vor dem Verlust
und haderst gern mit deinem Schicksal.
Dein Ziel wird dir so nie bewusst.

Du liebst und hasst, was du gern hättest
und bringst es so allmählich um.
Das Einzige, was du dir rettest
ist deine Traumerinnerung.

Du gibst dem Traumbild einen Rahmen,
sehr breit und schwer und ganz aus Gold.
Und jeder, der es sieht, wird ahnen,
die Wirkung ist nicht ungewollt.

Dein Bild von mir ist längst verblichen,
aber der Rahmen strahlt und glänzt.
Ich hab mich heimlich fort geschlichen,
weil du dich nie vom Rahmen trennst.

Ausgesuchte Süchte

Ich finde Rauchen richtig schlimm,
weil ich ein Anti-Raucher bin
und unter diesem Qualm sehr leide,
deshalb so manche Plätze meide.

Auch Trinken find ich ziemlich schlimm,
weil ich total dagegen bin,
dass schon die Mütter süchtig sind.
Wer möchte schon ein solches Kind?

Das I-Phone find ich nicht so schlimm,
weil ich ja nicht in Asien bin
und von dem Gift gar nichts verspür.
Die Apple-Sucht, die lob ich mir!

Aus die Maus

Imma wenn de denkst du hastet
Liebst een Mann der dir vakraftet
Stellt sich wieda janz schnell raus
Der will bloß ne kleene Maus

Eene, die ihm schwer vaehrt
Wie een Kind mit ihn vakehrt
Die an seene Lippn hängt
Und ooch ständich mit ihn denkt

Und du weeßt doch janz jenau
Du bist nich so eene Frau
Weil de für dir selba denkst
Und dir nie so janz vaschenkst

Aba det Jefühl is da
Und saacht ständich „Ja, Ja, Ja!"
Aba deene Angst saacht „Nee,
hintaher tut's doppelt weh!"

Jeda kleene Hoffnungsschimma
Macht die Sache bloß noch schlimma
Allet wat de jetz noch fühlst
Bringt dir nich det wat du willst

Also wirste wieda leidn
Musste seene Nähe meidn
Bis de hörst, er hat ne Maus
Denn is endlich allet aus

Männa wolln obm bleibm
Janz ejal wie kleen se sin
Wat se denn da obm treibm
Macht die schönstn Träume hin

Ausgeträumt

Wenn ein Traum zu Ende geht,
muss man sich entscheiden.
Will man wissen, wo man steht
oder lieber leiden.

Loszulassen fällt oft schwer,
Träumen ist auch Fühlen,
und die Leere hinterher
gar nicht leicht zu füllen.

Mancher stellt urplötzlich fest,
dass er doch allein steht
und der Traum, der ihn verlässt,
nicht von ganz allein geht.

Irgendwann fängt jeder an,
mit sich selbst zu leben
und so gut er eben kann
andern zu vergeben.

Beifallzwang

Ich war noch nie besonders lang
bei Menschen, die viel haben.
Da herrscht zumeist ein Beifallzwang,
den kann ich nicht ertragen.

So sehr ich auch den Wunsch versteh,
Besitzerstolz zu teilen,
dergleichen Schönheit tut mir weh.
Ich möchte nicht verweilen.

Wer Beifall will, der soll was tun
und den Effekt genießen,
anstatt sich auf dem auszuruhn,
was andre preisen müssen.

Bei aller Liebe

Bei aller Liebe, so geht's nicht!
Das ist mir zu gefährlich.
Du bist auf Heimlichkeit erpicht
und wieder mal nicht ehrlich.
Was soll ich deiner Meinung nach
an dem Gespräch genießen?
Da werden nur Gefühle wach,
die möchte keiner wissen.

Bei aller Liebe oder nicht,
du magst es mir verdenken,
ich werde nicht aus reiner Pflicht
die Freundschaft so verschenken,
um wieder mal nur das zu sehn,
was mich schon früher störte:
Du konntest nicht und wolltest nicht,
dass ich zu dir gehörte.

Bei aller Liebe oder was?
Du willst es gar nicht wissen.
Bei jeder Frage wirst du blass
und möchtest nichts mehr müssen.
Du flüchtest dich in Heiterkeit
vor mir und deiner Wahrheit,
tust mir und dir erst lieber leid
und sehnst dich dann nach Klarheit.

Bei aller Liebe, so geht's nicht!
Mir schwindet alle Achtung.
Dein Selbstverständnis ist sehr schlicht,
bei näherer Betrachtung.
Ich soll nur heimlich Freundin sein
und du willst von nichts wissen.
Bei aller Liebe, geh doch heim!
Du kannst mich gern vermissen.

Bei aller Liebe, jetzt ist Schluss!
Ich lass mich nicht verstecken
von einem, der gehorchen muss,
aus Angst sonst anzuecken.
Ich habe selber kein Problem,
mich wahr und klar zu zeigen,
und werde nicht für irgendwen
die eigene Wahrheit beugen.

Bethlehem im Jahre Null

Wer stolpert so spät noch durch Nacht und
Wind
Maria und Josef, sie kriegen ein Kind
Der Josef wird Vater, obwohl er's nicht war
Maria behauptet, ein Engel war da

Er machte ihr klar, dieses Kind ist von Gott
Das sorgte in Nazareth für Hohn und Spott
Doch heute weiß wohl auch dort jedes Kind
Dass Kinder schon immer ein Gottgeschenk
sind

In Bethlehem drängt es, sie brauchen ein Bett
Spätabends noch betteln, da ist keiner nett
Am Ende bekommen sie nur einen Stall
Na, besser als gar nichts für so einen Fall

Vom Ochsen und Esel und Josef bewacht
Hat Maria den Kleinen zur Welt gebracht
Jesus, der kommt, wie's geschrieben stand
Das sprach sich schnell rum bis ins
Morgenland

Dort ahnten drei Könige von dem Geschehn
Sie hatten vor kurzem den Stern gesehn
Sie brachen auf und folgten ihm schnell
Der führte sie hin, denn er war ziemlich hell

Die Geschenke konnten das Kind nicht erfreun
Dafür war es wirklich noch viel zu klein
Aber Josef erkannte sofort ihren Wert
Und dachte, so ein Polster ist nie verkehrt

Mit Weihrauch und Myrrhe und Gold im
Gepäck
Da fällt diese elende Sucherei weg
Nun kommen wir sicher auch schnell und
bequem
Zur Zählung des Volks nach Jerusalem

All die Hirten im Felde haben gedöst
Da sprach eine Stimme: „Ihr werdet erlöst,
Von einem König, der heute geborn!"
Sie hatten schon fast ihren Glauben verlorn

Nun eilten sie schnell zurück in die Stadt
Und fragten dort nach, wer ein Baby hat
Vor dem Stall traf sich bald eine ganz große
Schar
Von Hirten, die sangen: „Der Erlöser ist da!"

Das Kind in der Krippe schlief schon ganz still
Der Josef, der hatte ein stolzes Gefühl
Der Ochs und der Esel lagen im Stroh
Maria, die Mutter, war nur noch heilfroh

Lauferei, dann Geburt, dann der viele Besuch
Mutter sein ist zwar schön aber manchmal
auch Fluch
Maria war müde, die Augen schon zu
Bald schliefen sie alle in himmlischer Ruh

Buttercreme

(Erotik im Alter)

Zwei dicke alte Tanten schwanken
Ob sie noch ins Café gehn
Um da Torte satt zu tanken
Reich gefüllt mit Buttercreme

Längst vorbei sind all die Zeiten
Von Diät und Körperwahn
Frauen in den besten Breiten
Sieht man ihre Lüste an

Hager, mager ist nicht günstig
Wenn man in dem Alter ist
Schon bei Frauen über fünfzig
Wird da Lebenslust vermisst

Männer mögen's eher deftig
Mancher gar sein Leben lang
Und die Knochen stören heftig
Wenn man nur sie greifen kann

Zwei dicke alte Herren schwanken
Ob sie noch ins Café gehn
Da kann man was fürs Auge tanken
Prall gefüllt mit Buttercreme

Blauäugig

Ach, seine Augen sind so blau
Und ein Magnet für manche Frau
Sie spürt sofort, was sie jetzt braucht
Wenn sie in diese Bläue taucht

Und er ist sehr bereit zu geben
Er möchte immer Liebe leben
Und wundert sich, wenn irgendwann
Eine ihn nicht mehr sehen kann

Die Augen bleiben weiter blau
Doch seine Haare werden grau
Ansonsten ändert sich nicht viel
Nur manchmal täuscht ihn sein Gefühl

Die eigne Liebe, die er fühlt
Wirkt manchmal irgendwie gespielt
Wie ein uraltes Déjà Vu
Nur danach forschen will er nie

Doch mit den Jahren wird er ängstlich
So vieles tief im Herzen drängt sich
Es ist nicht mehr viel Platz zum Hoffen
Er wünschte sich, sein Herz wär offen

Der Blick ist trüb und eher gräulich
Sein Liebesleben nicht erfreulich
Da fällt ihm vor dem Spiegel ein
Es müssen meine Augen sein

Er geht zum Optiker und kauft
Die Brille, die er „Durchblick" tauft
Und sieht die Welt fortan sehr klar,
doch auch, was er so lange war

Nach langer Zeit, mit einem Mal
Trifft er die Traumfrau seiner Wahl
Sie hat so etwas in ihr'm Blick
Er schreckt sofort davor zurück

Denn ihre Augen sind grau-grün
Da zog es ihn schon immer hin
Es sind die Augen einer Frau
Die kennt er wirklich ganz genau

Er sieht die Augen seiner Mama
und zuckt zusammen, welch ein Drama
Mit fünfundsechzig stellt er fest
Dass ihn die Mama nie verlässt

Ob blau, ob grau, ob braun, ob grün
Wir streben alle mal dahin
Um irgendwann doch einzusehn
Wir müssen eigne Wege gehen

Bim Bam Weihnachtsmann

Bim Bam Weihnachtsmann
Tannenbaum mit Kugeln dran
Fette Gans im heißen Ofen
Manche Gäste schon besoffen
Kinder sprechen ein Gedicht
Weihnachtsmann versteht es nicht,
aber teilt Geschenke aus
„Stille Nacht" dröhnt durch das Haus
Kinderaugen strahlen hell
Weihnachtsmann verzischt sich schnell
Aus der Küche riecht's verbrannt
Alles kommt im Nu gerannt
und bestaunt den schwarzen Vogel:
Bundesadler – Gott, wie nobel!

Das alte Jahr

Das alte Jahr
Ist fast vorbei
In Trümmern liegt
Die Liebelei
Doch Hoffnung regt
Sich plötzlich neu
Weil ich mich auf
Das Neue freu

Mein Herz war lang
Genug allein
Das wird schon sehr bald
Anders sein
Mir fliegen viele
Herzen zu
Nur eines nicht
Und das hast Du

Da is imma noch wat offm

Wenn im Herbst die Blätta falln,
Nüsse uffn Bodn knalln,
übaall der Nebl wabat
un ma viel von früa labat,
wenn et een von innen friat
un ma langsam doch kapiat,
det die schönste Zeit vorbei is,
mancha Platz schon wieda frei is,
wo die Einsamkeit vabindet
wat sonst keene Ruhe findet
un wo jeda um wat trauat
un sich selba ooch bedauat,

da is imma noch wat offm,
det wo druff denn alle hoffm,
det der Winta nich so jrau is
un der Himml öfta blau is,
det die Sonne drüba lacht,
üba eene weiße Pracht,
die denn allet übadeckt,
wat det Ooge sonst aschreckt,
un det nischt die Zeit vamiest,
det ma jedn Tach jenießt
mit die Letztn die noch da sin,
janz ejal, ob se noch klar sin.

Da is imma noch wat offm,
denk ick, gloob ick,
wolln wat hoffm.

Das Alter kommt!

Das Alter kommt mit Riesenschritten
und ganz von selbst. Man muss nicht bitten.
Manche behaupten, es ist schön.
Ich glaub's noch nicht und werd schon sehn.

Doch erst einmal seh ich mich an
und glaube dann erst recht nicht dran.
Ich seh mich plötzlich wie ich bin
und schau am liebsten gar nicht hin.

Normalgewicht ist nicht zu kriegen.
Ich konnte mich noch nie besiegen.
Die schlanken Zeiten sind vorbei.
Ich werde nie mehr rollenfrei.

Der Busen schwingt viel mehr beim Laufen.
Ich muss mir dauernd Halter kaufen.
Die Taille finde ich nur schwer.
Ich glaub, ich hab gar keine mehr.

Am meisten stören mich die Falten,
die an so vielen Stellen walten.
Doch manche gehen wieder weg,
befindet sich mehr Fett am Fleck.

Die Haare waren auch mal dichter.
Sie werden grau und sehr viel lichter.
Wenn ich auf wilde Mähne mache,
zeigt sich die Kopfhaut und ich lache.

Die Haut sieht aus wie schwer gegerbt.
Das hab ich nicht etwa geerbt.
Das waren Sonne, Wind und Meer.
Ein Urlaub schadet eben sehr.

Die Augen sind recht klein geworden.
Dafür wachsen Nase und Ohren.
Die Füße sind jetzt häufig dick.
Ich wünsch mir meine Pumps zurück!

Die Zähne – ach, du lieber Gott!
Viele von denen sind schon Schrott
aus Gold und Kunststoff, Porzellan.
An manchen ist schon nichts mehr dran.

Das Alter hat mich voll im Griff,
und Teile, auf die ich mal pfiff,
beginnen plötzlich weh zu tun.
Es tut schon weh, sich auszuruhn.

Am Morgen ist's besonders schlimm.
Da leg ich mich gleich wieder hin
und träume von der alten Zeit:
Jung, blond und hübsch – und so gescheit.

Jetzt fällt mir manches nicht mehr ein.
Wo kann das bloß gewesen sein,
wo ich's zuletzt gesehen habe?
Wie? Wo? Wer? Was? Und welche Frage?

Wie schön, dass es das Alter gibt.
Man sieht sehr schlecht und ist verliebt
in irgendeinen alten Knacker.
Wie sich herausstellt dennoch Macker.

Der hält einen ständig auf Trab
und schützt so vor dem frühen Grab.
Das heißt, mehr mich, er siecht dahin.
Bin ich froh, dass ich weiblich bin.

Die letzten Jahre ganz gemütlich
und wenn man Glück hat auch noch friedlich.
Das Alter einmal so gesehn
ist vielleicht dann doch ganz schön.

Das Leben ist zu kurz

Das Leben ist zu kurz
um sich jetzt noch zu streiten
und jeden kleinen Furz
vor allen auszubreiten

Gerüchte sind das Letzte
was ich jetzt hören möchte
was mich daran entsetzte
es sind fast immer schlechte

Ich möchte Menschen sehen
die schauen wie ein Kind
und die, bevor sie gehen,
einfach sie selber sind.

Das Haus im grünen Tal

(Nach dem Lied „Danny Boy")

Ich hab ein Haus
im Süden von Afghanistan
Es ist nicht groß,
doch ganz aus Stein gebaut,
besetzt seit langer Zeit
schon von den Taliban,
dass sich kein Mensch
in diese Gegend traut.

Da fallen Bomben, fliegen die Raketen,
das grüne Tal ist ein beliebtes Ziel,
und seine Felder kann man nicht betreten.
Da liegen Minen, keiner weiß wie viel.

Ich hab ein Haus
im Süden von Afghanistan,
da war ich froh
und glücklich mit dem Mann.
Der Krieg mit Russland
hatte uns viel angetan,
doch wir warn da
bis dann der andre kam.

Ich bin die letzte, die sich dran erinnern kann,
doch ich bin weit, weit weg von diesem Tal
und träum davon, dass ich noch einmal irgendwann
zuhause bin im Hause meiner Wahl.

Das Leben sorgt für manche Pointe

Das Leben sorgt für manche Pointe,
an die man vorher nie gedacht.
Oft ist es eine Zeitungsente,
die Großes plötzlich möglich macht.

Man denkt, man hätte sich verlesen,
denn kein Mensch glaubt im Ernst daran,
dass Hirnverbrannte auch genesen –
und fängt doch schon zu grübeln an.

Dein Bestes

Dein Bestes ist auf einmal weg,
hat dich ganz still verlassen.
Die Trauer und der große Schreck
sind für dich kaum zu fassen.

Niemand ist da, der dich beschützt,
du bist jetzt ganz alleine.
Dein Wunschtraum hat dir nichts genützt,
Erfüllung gibt es keine.

Du bist und bleibst auf dich gestellt,
wie in den alten Zeiten.
Doch jeder, der dich jetzt noch quält,
darf dich nicht mehr begleiten.

Dein neues Leben ruft, fang an,
Es ist noch nicht zu spät.
Ein Herz gewinnt oft immer dann,
wenn es verloren geht.

Was war, ist lange schon vorbei.
Man muss es nicht ergründen.
Du bist zwar einsam aber frei
und wirst dein Bestes finden.

Das Recht auf Haben

Der Euro steckt in einer Krise
und keiner weiß, wie groß die ist.
Drum kämpft man frei nach der Devise:
Beschützen was zu retten ist.

Ein Schutzschirm von Milliarden Euros
wölbt sich schon über Griechenland,
ein Volk, das lange stolz und treulos
nie ehrlich zu Europa stand.

Anstatt sich dafür zu bedanken,
dass man es nicht ganz fallen lässt,
beschuldigt es die großen Banken,
hält Habgier für die neue Pest.

Der Rettungsschirm, zu schwer zum Fallen,
aber zu leicht als echter Schutz,
wird wieder dem zum Opfer fallen
was Kriegen liebt und Eigennutz.

Da gibt es viele, die nicht wissen,
dass sie der Ursprung dessen sind,
was alle bald bezahlen müssen,
vom Opa bis zum kleinen Kind.

Sie pochen auf ihr Recht auf Haben
und darauf, dass es sich vermehrt.
Sie nennen Almosen schon Gaben
und sprechen oft vom höheren Wert.

Aber sie meiden ihresgleichen,
wann immer sie im Ausland sind
und schimpfen auf die wirklich Reichen,
damit der Selbstwert wieder stimmt.

Es gibt so viele, die fest glauben,
sie hätten nichts damit zu tun.
Die Banken würden uns berauben,
und jetzt sogar das Bürgertum.

Das Recht auf Haben und Behalten,
das gibt es nirgends auf der Welt,
solang die freien Kräfte walten,
des Marktes, der hier so viel zählt.

Déjà Vu

Demokratie wär gut und schön
Würde man sie auch verstehn
Und besonders darauf achten
Jene Kreise zu entmachten
Die die Politik erpressen
Und sich satt an allem fressen
Was das Volk zu bieten hat
Es ist keineswegs der Staat
Sondern jene miesen Ratten
Die schon immer alles taten
Um die Massen umzustimmen
Und für Zwecke zu gewinnen
Die nur ihnen wirklich nützen
Kein Gemeinwohl unterstützen
Die auch noch das Letzte raffen
Das hieß immer „Zu den Waffen!"
Und die stehen längst parat
Frisch gekauft von diesem Staat

Dem Leben auf der Spur

Du darfst dich nicht mit dem begnügen
was man dir gnädig zuerkennt,
und glaube nicht an all die Lügen,
den Mist, der dich von anderen trennt.

Du bist nicht dumm und auch kein Loser,
nur weil du manches nicht verstehst.
Hier sind schon viel zu viele User.
Wird Zeit, dass du dem widerstehst.

Benutz den Geist, um zu begreifen,
sieh hin und spüre, was passiert!
Auf manches Wissen kannst du pfeifen,
es wird als Ware konsumiert.

Bewahr dir deine gute Seele
und fürchte nichts mehr als den Neid.
Auf dass dich keiner damit quäle,
hier tust du nämlich niemand leid.

Umgib dich mit vertrauten Menschen
und möglichst oft mit viel Natur,
dann musst du nicht andauernd kämpfen
und bleibst dem Leben auf der Spur.

Denn ebend nich!

Du hast deen Lebm und ick meens
Zusamm' ham wa leida keens
Laba nich groß, wat de vamisst
Saach eenfach wat jetz Sache ist

Jamma nich rum det du dir quälst
Bloß weil de eene anre wählst
Und komm ja nich uff die Idee
Det ick noch zur Vafüjung steh

Quäl dir nich mehr, et is vorbei
Ick jeb dir würklich jerne frei
Du hast deen Lebm und ick meens
Zusamm' ham wa ebend keens

Du hast ne Frau und ick keen Mann
Det is det eenzich Blöde dran

Der Anrufbeantworter

Es wäre schön, wenn er das täte
was sein Name suggeriert.
All die Sorgen, Ängste, Nöte
angehört und gut pariert.

Ach, wie gern würd' ich ihm lauschen,
ist sein Tagwerk dann vollbracht,
und ein bisschen mit ihm plauschen
wie man diese Arbeit macht.

Doch er ist nichts als ein Speicher
dessen, der die Nummer wählt,
der wie oft an Worten reicher
fest auf meinen Rückruf zählt.

Antwort geb ich meist ins Leere,
keiner hört mir wirklich zu.
Ach, wie wunderbar es wäre,
wär' der AB auch ein Du.

Der erste Schritt

Empört euch doch, geht auf die Straße
und prangert alles Unrecht an!
Dann fasst euch an die eigene Nase
und fangt gerecht zu denken an.

Das Phänomen, das ihr verachtet,
ist eines, das ihr lange kennt.
Das Elend, das ihr jetzt betrachtet,
ist seit Jahrzehnten existent.

Nun, da auch eure Hoffnung schwindet
auf jenen großen alten Traum,
in dem man Glück durch Aufstieg findet,
glaubt ihr das Unrecht zu durchschaun.

Ihr wähnt euch schon als Brüder, Schwestern
all derer, die am Ende sind,
jenen Vergessenen von gestern,
auf die man sich nun gern besinnt.

Ihr träumt von einer Weltgemeinschaft
all derer, die sich mit empörn,
die sich gemeinsam einen Feind schafft
und droht sein Machtwerk zu zerstörn.

Wohl dem, der weiß, dass es sehr schwer ist,
für seine Freiheit einzustehn
und der begreift, wer hier noch wer ist.
Man muss die wahren Gründe sehn.

Wer wird am Ende wohl der Feind sein?
Und wer die große Übermacht?
Das Elend wird stets da daheim sein
wo Habgier herrscht und Niedertracht.

Ihr glaubt, ihr meint es wirklich ehrlich
und wollt die Welt gerechter sehn,
doch eure Haltung ist gefährlich
für die, die ganz am Rande stehn.

Sie sind wie immer die Verlierer
und leiden für euch alle mit.
Ihr glaubt da lieber jedem Führer,
der sagt, das sei der erste Schritt.

Der Gockel

Ein Gockel
Den die Hühner meiden
Hat plötzlich
Fürchterlich zu leiden
Denn wie er sich
Auch dreht und wendet
Ahnt er doch schon
Wie alles endet
Erst fällt sein Kopf
Von einem Sockel
Dann kocht man Suppe
Aus dem Gockel
Die Hühner
legen wieder Eier
und lieben ihren
neuen Freier

Und die Moral
Von dem Gedicht:
Man unterschätz'
Die Hühner nicht
Ihre Liebe
Ist vergänglich
Ihre Freude lebenslänglich

Der Ichling

Der Ichling
pflegt den Eigensinn
weit über seine Grenzen
Der Kümmerling
schaut neidisch hin
und lässt den Ichling glänzen

Der große Walter

Manchmal red ich mit mir selber
und ich weiß nicht recht, warum.
Ich bin eben auch schon älter,
und da bleibt man nicht mehr stumm.

Außerdem bin ich alleine,
selbst mein Kater ist passé.
Und die Stille, die gemeine,
tut mir manchmal richtig weh.

Und dann sprech ich oder sing ich
was mir grade gut gefällt.
Selbst die Katzenlaute bring ich,
weil mir dieses Tier so fehlt.

Nur am Telefon, da hör ich
manchmal Sachen, die mich störn,
und da muss ich mich – ganz ehrlich –
hinterher oft lauthals wehrn.

Und dann sag ich manchmal Sachen,
laut und deutlich in den Raum,
die es mir dann leichter machen.
Alles war wohl nur ein Traum.

Doch am Abend lockt das Fernsehn
und ich stelle wieder fest:
Ich kann wenig wirklich gern sehn,
weil sich nichts vermeiden lässt.

Hier Gewalt und da Gelaber,
mittendrin die Tagesschau
und das ganze Bildgewaber
macht mich hilflos und nicht schlau.

Manchmal muss ich einfach sagen,
dass das nicht die Wahrheit ist,
muss den Sprecher direkt fragen,
ob er da nicht was vergisst.

Denn ich kann mich doch entsinnen,
diese Nachricht gab es schon,
dass wir alle was gewinnen,
wenn wir geben – ohne Lohn.

Ja, ich bin ganz bei der Sache
und ich glaube auch daran,
dass ich, wenn ich so was mache,
einfach klüger bleiben kann.

Schließlich merk ich schon das Alter,
aber nur im Kniegelenk.
Doch mein Geist, der große Walter,
ist topfit – welch ein Geschenk!

Der Hass

Der Hass ist wie ein Bumerang
Er fliegt in weitem Bogen
Und kommt am Ende wieder an
Von wo aus er geflogen

Der Letzte

Du bist für mich der letzte Mann,
der mir zum Glück noch fehlt,
denn wie ich mich erinnern kann,
hast du mich gern gequält.

Nicht etwa mit viel Eifersucht
oder Hang zur Gewalt.
Du hast das Weite oft gesucht
und fandest immer Halt.

Ich hab genug von einem Mann,
der mich derart vermeidet
und der genug nie kriegen kann,
doch meint, dass nur er leidet.

Ich hab genug gehört, gesehn,
begriffen und empfunden.
Ich will dich nie mehr wiedersehn,
auch nicht für ein, zwei Stunden.

Der Mensch begreift das was er kann

Der Mensch begreift das was er kann,
doch kaum sein Gegenüber.
Das greift er meistens lieber an
und stellt sich gern darüber.

Es kommt zum Kampf nach langem Streit,
die Urinstinkte siegen.
Der Krieg bringt Terror, Tod und Leid
und neue alte Lügen.

Der Mensch lebt nicht

Der Mensch lebt nicht
vom Brot allein
Er braucht die Chance
auf Kuchen
Sonst wird er viel zu
träge sein
nach seinem Stück
zu suchen

Der Sommer ist vorbei

Der Sommer ist vorbei
und damit auch die Frage
Wann mach ich mich mal frei?
Wohl nie,
und das ist schade.

Der Torso

Vor lauter Angst schlecht dazustehn
Verliert er Kopf und Beine
Die Arme lässt er auch noch gehn
Und Eier hat er keine

Der Torso steht in meinem Bad
Ich seh ihn täglich an
Und wenn mich einer danach fragt
Sag ich: „So war mein Mann.

Der Oberkörper war ganz schön,
der Arsch 'ne Augenweide
Der Rest war eher ein Versehn
Woran ich heut noch leide."

Der Winter kommt

Der Herbst sagt Tschüs,
der Winter lauert
des Nachts,
die Luft ist klirrend kalt.
Man fröstelt heftig
und bedauert
das Jahr,
es ist nun auch schon alt.

Die Welt wird blasser,
eher gräulich,
die Dunkelheit
nimmt stetig zu
und – ganz besonders
unerfreulich:
Die Sehnsucht findet keine Ruh.

Die Allerbeste

Du bist für dich die Allerbeste,
gern zugewandt und immer nah.
Alle andern sind nur Gäste
und im Grunde austauschbar.

Nur du kannst es dir selbst beweisen,
wer und was du wirklich bist,
kannst in deine Seele reisen,
finden, was du lang vermisst.

Dennoch ist ein Gegenüber
hilfreich, um ganz klar zu sehn.
Doch begib dich nicht hinüber!
Du könntest dir verloren gehn.

Nur Mut, und lass den Kopf nicht hängen!
Das Ende dieser Zeit ist nah.
Befrei' dich aus den alten Zwängen
und freu' dich auf ein neues „Ja"!

Die alte Leier

Der Mensch ist zwar im Kern sozial,
aber er sieht auch gerne mal
von oben auf die Welt hinab,
die ihm die Mittel dazu gab.

Und diese Welt besteht aus Menschen,
ganz vielen kleinen Existenzen,
die für ihn ihre Arbeit geben,
um eher karg davon zu leben.

Das Risiko ist schlecht verteilt,
denn während er noch oben weilt,
wird unten schon ein Teil gefeuert
und Leiharbeiter angeheuert.

Nun wird das Leben kompliziert
für den, der seinen Job verliert,
denn plötzlich ist die Welt voll Herren,
die selber gerne oben wären.

Kollegen aus den alten Zeiten
entwickeln plötzlich neue Seiten,
die sie auch menschlich unterscheiden,
und lassen ihre „Leiher" leiden.

Bald klatschen viele in die Hände,
es geht nach oben ohne Ende
und alle fühlen sich viel freier,
außer natürlich die paar Leiher.

Kaum einer denkt darüber nach,
Solidarität ist schwach,
wo jeder glaubt, er kann es schaffen
nach oben und den Meister machen.

Es ist die ewig alte Leier:
Nur wer die Macht hat, fühlt sich freier.
Wofür ist dabei ganz egal,
man hatte schließlich nie die Wahl.

Die Dummheit war und bleibt der Mist

Die Dummheit war und bleibt der Mist,
auf dem die Kriege reifen,
dort wo der Mensch den Mensch vergisst
aus Angst, ihn zu begreifen.

Die Einheit zwischen Kopf und Bauch

Die Einheit zwischen Kopf und Bauch
ist sehr schwer zu erhalten,
weil beide sich im Tageslauf
oft voneinander spalten.

Der Kopf will dies,
der Bauch will das,
sie kommen nicht zusammen.
Sie streiten ohne Unterlass
und provozieren Pannen.

Am Ende siegt doch meist der Bauch,
der Kopf ist nur noch müde.
Der ganze Körper ist es auch,
besonders nach der Liebe.

Wer immer sich entscheiden muss,
steckt in der Falle fest,
weil sich der Bauch nach einem Kuss
gar nicht besiegen lässt.

So mancher hat schon oft gedacht,
er muss vernünftig bleiben
und hat sich einen Kopf gemacht
und tagelanges Leiden.

Die falsche Nähe ist vorbei

(Nach dem Lied „Du lässt dich gehn")

Es ist noch gar nicht lange her,
da fiel dir noch der Abschied schwer.
Du hast an all die Zeit gedacht
und vieles noch mal mitgemacht.
Erst jetzt kannst du den Sinn verstehn,
den eignen Irrtum klarer sehn.
Du hast gehofft, du bist am Ziel,
aber es war nur dein Gefühl.
Doch das ist echt und wunderschön,
drum lass ihn gehn, oh, lass ihn gehn.

Du hast dir lang was vorgemacht,
hast immer nur daran gedacht,
dass er dich braucht und dich versteht
und so wie du auch zu dir steht.
Hast ihn beschützt vor der Gefahr,
in der er immer wieder war.
Du konntest seine Leiden sehn
und dachtest, du musst sie verstehn.
Du hast dich tausendmal geirrt
und selbst verwirrt, ganz schwer verwirrt.

Dann bist du langsam aufgewacht,
hast über alles nachgedacht
und mit der Zeit auch eingesehn,
nur dein Gefühl für ihn war schön.
Er war für dich nie wirklich da
und kam dir dennoch viel zu nah.
Du hattest keine Chance auf Glück,
denn er griff nur auf dich zurück.
Du wolltest ihn nie wiedersehn
und nicht verstehn, nicht mehr verstehn.

Nun bist du endlich wieder frei,
die falsche Nähe ist vorbei.
Du fühlst dich leer und ausgebrannt
und bist dir selber unbekannt.
Aber du tust dir nicht mehr Leid,
genießt die echte Einsamkeit
mit dir und deiner Zuversicht.
Die Liebe bleibt, verlässt dich nicht,
und irgendwann wirst du sie sehn.
Dann wird es schön, dann wird es schön.

Die Gedanken sind zu frei

Die Gedanken sind zu frei,
wer will sie schon hören.
Sie fliegen vorbei,
als ob sie nicht stören.
Kein Mensch kann hier lesen,
geschweige denn dösen.
Die Bahn bleibt dabei,
hier ist jeder redefrei.

Die Gedanken sind frei,
man muss nicht mehr raten,
ob erste Liebelei oder
Streit mit dem Gatten.
Man hört jede Wendung,
besonders die Endung
und ist voll dabei.
Die Gedanken sind nicht frei.

Die Gedanken sind frei,
man kann sich was denken.
Der Haken dabei:
Man kann sich nichts schenken.
Der Zug ist voll Menschen,
die labern und kämpfen,
nur ein Platz ist frei
von der ganzen Laberei.

Die Tür ist fest zu,
der Riegel geschlossen.
Hier findet man Ruh
und denkt unverdrossen
an frühere Zeiten,
den Blick in die Weiten
und Muße dabei.
Die Gedanken waren frei.

Die Jedankn sin frei

Am früen Morjen isset schön,
da kann ick noch nich zuviel sehn,
und draußn is ooch allet still.
Da kann ick denkn wat ick will.

Da labat mir noch keena zu,
die janze Welt lässt mir in Ruh,
et sei denn, ick schalt Glotze in,
weil ick nich jern alleene bin.

Da isset denn janz schnell vorbei,
mit „Die Jedankn, die sin frei".
Wat die da schon frühmorjens bringn,
kann een denn schnell zum Heuln zwingn.

Und war ick vorher bloß alleene,
denn läuft mir jetz ne dicke Träne
üba meen faltijet Gesicht.
Nee, sowat sehen wollt ick nicht.

Jetz fühle ick mir richtich einsam
Mit wenich Hoffnung uff jemeinsam
Und hoffe bloß, ick denke dran.
Morjen mach ick det Ding nich an.

Die einzig Wahre

Du hast dich selber dargestellt
auf Jahre und Jahrzehnte
und dir die ganze Zeit gefehlt,
weil sich dein Herz so schämte.

Du hast geglaubt, du bist nichts wert,
von niemandem zu lieben.
Hast gern mit Suchenden verkehrt,
die garantiert nicht blieben.

Du hast gelitten und gehofft,
gekämpft und viel verloren.
Die Wahrheit traf dich unverhofft,
du wurdest neu geboren.

Du stellst zwar fest, du bist allein,
doch nicht wie all die Jahre.
Du fühlst dich in dir selbst daheim,
bist dir die einzig Wahre.

Du kannst dich lieben wie du bist
und musst dich nicht verstellen,
und Altes, das du wieder siehst,
wird dich nicht länger quälen.

Die neue Plage

Heut hat man sehr viel an der Backe,
meistens auch ein Telefon,
und selbst im Bus die große Klappe,
ausgelöst durch Klingelton.

Man ist sogar noch dann erreichbar,
wenn man mit dem Fahrer spricht,
einem Wirrkopf fast vergleichbar.
Höflichkeit ist keine Pflicht.

Man quasselt direkt in die Ohren
des Vordermannes, was man denkt,
und dem geht Muße schnell verloren,
die ihm sonst die Busfahrt schenkt.

Der eine glaubt, er sei sehr tüchtig,
weil er stets erreichbar ist,
der andre hält sich gar für wichtig,
weil ihn ständig wer vermisst.

In Wirklichkeit ist man die Plage,
die ringsherum die Ohren quält
und die uns täglich, ohne Frage,
den allergrößten Mist erzählt.

Statt lautlos schnell zu informieren,
wie es schon längst erfunden ist,
will man wahrscheinlich Nähe spüren,
bei der man die dann ganz vergisst.

Der Nachbar spürt die Nähe drastisch,
doch sie ist nicht für ihn bestimmt.
Sein Wunsch nach Ferne wirkt fantastisch,
weil viel zu viele um ihn sind.

Da gibt es auch noch kleine Kinder,
sie schreien voller Angst und Wut.
Das scheint ihm wesentlich gesünder,
denn Schreien täte ihm auch gut.

Am Ende steigt die große Plage
an einer Haltestelle aus
und mancher seufzt die leise Frage:
„Wie halten wir das alle aus?"

WIESO!? frag ich mich da als Raucher,
Belästigung ist längst schon out,
und wehre mich jetzt als Verbraucher
gegen die Plage, und zwar laut.

Die Stummheit

Doof geboren? Doof gemacht?
Das spielt gar keine Rolle
Die Dummheit hat uns arm gemacht
Komme noch was da wolle

Wenn Bildung zu der Farce wird
Mit der sich manche schmücken
Ein ganzes Volk sich selbst verführt
Dann kann uns nicht viel glücken

Kaum einer der noch was kapiert
Und kluge Fragen stellt
Wer hier die Contenance verliert
Wird an den Rand gestellt

Nur selten denkt man drüber nach
Und dann auch meistens heimlich
Warum liegt alles hier so brach
Die Antwort wäre peinlich

Es sind gar nicht die Dümmsten hier
Die Kleinen ohne Macht
Die Schlimmsten das sind alle wir
Wir haben mitgemacht

Es hilft nicht sich noch zu beklagen
Bei denen die die Macht noch sehn
Und die sehr lange schon ertragen
Was all die andern nicht verstehn

Die Stummheit bringt uns heimlich um
Und das nach all den Kriegen
Es wäre wirklich schade drum
Wenn Menschen niemals siegen

Das Volk der Dichter und auch Denker
Steht sprachlos vor dem alten Haus
Hier tagten schon einmal die Henker
Das Haus sieht noch genau so aus

Die Traumtänzer

Komm, tanz mit mir
Ich brauch das Schweben
Ich möchte diese Lust erleben
Die Zweisamkeit im freien Raum
Ich brauche einen schönen Traum

Komm, fass mich an und halte mich
Und führe und gestalte mich
Lach mich mit deinen Augen an
Bis ich mich wieder sehen kann

Komm näher, denn ich will dich spürn
Nur nicht mein Herz dabei verliern
Ich brauche dich und deine Nähe
Bevor ich vor die Hunde gehe

Komm, stell dir vor wir wären eins
Dein Herz wär meines und meins deins
Wir können uns niemals verlieben
Nur miteinander Lieben üben

Komm, schwebe mit mir hin und her
Doch mach dir nicht das Leben schwer
Mit Fragen nach dem wahren Sinn
Ich bin so wie ich eben bin

Komm nicht zu nah, es wär nicht schön
Wenn uns die andern klammern sähn
Und hielten uns gar für ein Paar
Das war und ist und wird nie wahr

Komm, lass mich los, es ist vorbei
Ich fühl mich wieder völlig frei
Von Sehnsucht will ich nicht mehr leben
Die große Liebe muss es geben

Es war ein wunderschöner Traum
Doch eigentlich kenn ich dich kaum
Es hat mich wirklich sehr gefreut
Mit dir, da tanz ich jederzeit!

Die Zecke

(Verhinderungspflege)

So mancher wird nicht gern behindert,
auch wenn er schon in Pflege ist.
Wenn keiner mehr das Leiden lindert,
dann wird oft Mitgefühl vermisst.

Wer sieht schon wie der andere leidet
und wartet auf die Hilfsaktion.
Man weiß doch, was man gerne meidet,
und das ist dieser „Jammerton".

Man möchte nicht mehr helfen müssen,
und das zu jeder Tageszeit!
Lässt sich dann lieber schwer vermissen
und tut sich selber auch ‘mal leid.

Behindert sitzt sie in der Ecke
und wartet wie die böse Zecke
auf irgendjemand, der da kommt,
benutzt ihn gleich für ihre Zwecke
und verletzt ihn prompt.

Ich weiß nicht was soll das bedeuten

(Nach „Lied von der Lorelei" H. Heine)

Ich weiß nicht was soll das bedeuten,
weshalb ich so wütend bin?
Denn einer von unseren Leuten
hat wirklich gar keinen Benimm.
Schüttet Tomaten auf Türen,
und jeder fragt sich, was das soll.
Wollte sie sicher in Pasta verrühren,
und da wären sie ganz bestimmt toll.

Draußen vor der Tür

Hörn Sie mal, Sie rauchen noch?
Das ist ja nicht zu fassen!
Jeder weiß, es schadet doch.
Sie können's wohl nicht lassen.

Haben Sie denn kein Problem
mit den Konsequenzen?
Krebs ist nicht sehr angenehm,
tötet soviel Menschen.

Hoffentlich sind Sie allein,
haben keine Kinder.
Eltern müssen Vorbild sein,
leben heut gesünder.

Und der Liebe schadet's auch
- Sie wissen was ich meine -
Impotenz, Geschmack von Rauch
und dann die Raucherbeine!

Das Rauchen ist die reinste Pest,
Millionen Menschen sterben,
weil niemand sich was sagen lässt
und viele dafür werben.

Ich bin ganz froh, Sie so zu sehn,
weil ich das nicht mehr brauche.
Ich kann ganz locker draußen stehn,
auch wenn ich gar nicht rauche.

Fühl mich gesund, ja, richtig fit
und kann es nur empfehlen.
Es war ein wirklich guter Schritt
mich nicht mehr selbst zu quälen.

Dreister Humor

Humor ist mehr als mancher denkt,
der sich und andere gerne kränkt,
indem er dreiste Witze macht
und dann noch herzhaft drüber lacht.

Humor ist auch was einer denkt,
der grade noch derart gekränkt
ans Gute jenes Menschen glaubt,
der sich der Achtung selbst beraubt.

Humor wird daher oft geschätzt,
wo sich der Mensch gern selbst verletzt
und andere es kaum noch wagen,
die Wahrheit deutlicher zu sagen.

Wer den Humor für sich behält
und sich nicht selber damit quält,
bewahrt sich seinen freien Geist
und gilt oft als besonders dreist.

Dumm gelaufen

Dumm geboren,
dumm geblieben,
voll verarscht und abgeschrieben,
nur noch gut, um Mist zu kaufen.
So was nenn ich dumm gelaufen.

Du hast die Wahl

Ach, weißt du, es ist nicht sehr schön,
die Welt mit deinem Blick zu sehn.
Du schaust ja gar nicht richtig hin
und achtest nur auf den Gewinn,
den man aus allem ziehen kann
und bist doch so viel ärmer dran.

Was hilft es dir, das Leid zu sehn,
aber den Grund nicht zu verstehn.
Du warst noch nie in solcher Lage
und dein Interesse bleibt sehr vage.

Elend, das sind nicht bloße Fakten,
geschätzte Zahlen oder Akten.
Das sind Gefühle, die dich kränken
und deine Freiheit stark beschränken.

Du sagst nicht Bürger sondern Schichten.
Schon die Beschreibungen verzichten
auf Menschenwürde und Respekt.
So wird kein Mitgefühl geweckt.

Der Einzelfall wird aufgebauscht
und Vorurteile ausgetauscht,
bis auch der Letzte nur kapiert,
dass er zuviel an Geld verliert.

Sag mir, was deine Bildung nützt,
wenn sie dich nicht vor Dummheit schützt,
vor Ignoranz und Unmoral.
Du könntest mehr, du hast die Wahl!

Hoffnungswahn

Mir gibt so vieles hier zu denken
und manches kann ich nicht verstehn.
Wie kann man sich Gedanken schenken
an Menschen, die zugrunde gehn?

Warum will keiner Boote sehen,
die auf den Meeren langsam sinken,
in denen Menschen aufrecht stehen,
in ihrem Hoffnungswahn ertrinken?

Mir würgt die Trauer in der Kehle,
ich seh die Augen, mir wird schlecht,
Da hilft uns keine Menschenseele
Und jeder denkt, das sei gerecht.

Und wieder sind es nur Befehle,
die niemand gern befolgen will.
Auf dass sich keiner damit quäle!
Die Opfer leiden immer still.

Und der Soldat weiß wieder nicht,
an wen er sich jetzt wendet,
denkt immer nur an seine Pflicht –
man weiß, wie alles endet.

Und alle hoffen auf ein Ende
der Angst und Überheblichkeit.
Wann, bitte, kommt die echte Wende
zur viel zitierten „Menschlichkeit"?

Krämerseelen

Die deutsche Krämerseele kennt
das Leben nur in Eurocent,
denn der bestimmt das Maß an Freiheit
und auch – und das ist keine Neuheit –
den Grad der Freude über Neider.
Man ist sehr clever, glaubt man, - leider.

Die Jugend hat längst auch entdeckt,
was Freude bringt und Wünsche weckt
und sieht ihr Vorbild just in jenen,
die ungern geben und mehr nehmen.

Die Krämerseele ist verblüfft,
weil sie auf soviel Neue trifft,
die Anstandsregeln gar nicht kennen
und daher nicht beachten können.

Es ist ein Hauen und ein Stechen,
so mancher Deal grenzt an Verbrechen,
aber man hält sich sehr bedeckt,
bevor noch jemand mehr entdeckt.

Vermögen heißt nicht immer Können,
man kann es eher Haben nennen,
doch das ist manchmal Illusion.
Man spekuliert, das war's auch schon.

Die Krämerseele rechnet immer,
und werden auch die Zeiten schlimmer,
sie passt sich gut an alles an,
bei dem man noch verdienen kann.

Dabei kennt sie weder Moral
noch schaut sie auf den Einzelfall.
Sie sieht nur sich und ihre Lieben,
die auch schon kräftig Rechnen üben.

Oft tritt sie für das Gute ein,
doch das muss dann so lohnend sein,
dass man sie nun auch noch verehrt
und gern – trotz Neid – mit ihr verkehrt.

Da gilt sie meistens doch als Mensch,
durch dessen bloße Existenz
die Spenden für die Armen fließen.
Sie wird bald besten Ruf genießen.

Die Krämerseele rechnet nie
mit wahrem Lob und Sympathie,
denn man ist immer Konkurrent,
ein Mensch, den keiner wirklich kennt.

Im Alter tut sie sich oft schwer,
die Jungen können längst schon mehr
und planen – wie soll's anders sein –
das Erbe schon recht früh mit ein.

Da schaut man wieder auf den Cent
und manche Krämerseele denkt,
womit hab ich das bloß verdient?
und gibt doch alles für das Kind.

Für Krämerseelen ist das Glück
ein kleines, rundes Kupferstück
das sich vermehrt von Jahr zu Jahr,
was immer schon ein Wunschtraum war.

Und keiner kommt auf die Idee,
es tut woanders furchtbar weh,
wenn einer soviel Glück gewinnt
und was man sich da wirklich nimmt.

Wo ist die Grenze, wo das Maß?
Was rettet uns vor Neid und Hass,
wenn eines Tages alles fehlt,
was jene Welt auf Abstand hält?

Man rechnet schon mit großen Krisen,
und beste Krämerkreise wissen,
die Wetten auf den Untergang
rentieren sich nicht wirklich lang.

Sie gelten immer noch als schlau,
dabei weiß jeder ganz genau,
das was sie tun wird allen schaden,
die weder Geld noch Freiheit haben.

Die Krämerseele kann's nicht fassen,
sie hat sich überreden lassen
und steht vorm Aus – sie nennt es Bluten –
und zählt sich wieder zu den Guten.

Was hat den Mensch dazu gebracht,
dass er so völlig unbedacht
sich derart mit dem Geld verbindet,
sogar sein Glück damit begründet
und gar nicht merkt, wie gotterbärmlich
und menschlich eher schrecklich ärmlich
er letztlich dieses Leben lebt
und nie ein bisschen höher strebt.

Quergereimt

Ach, nun hör doch auf zu schimpfen!
Gegen den „Coronawahn"!
Lass dich lieber endlich impfen,
zieh dir diesen Schuh nicht an!

Keiner will dir etwas nehmen,
weder Leben, Gut noch Geld.
Solltest dich mal selber schämen,
dass dir solch ein Wahn gefällt!

Selbstdarsteller

Es kommt auf die Performance an,
beim Spiel und auf der Bühne.
Man sieht was man performen kann,
vom Rang und der Tribüne.

Man sieht das Vorbild in Aktion
und lernt echt zu erscheinen.
Ja, viele heute können's schon,
„authentisch", wie sie meinen.

Performance ist das, was man sieht
und lange nicht die Wahrheit,
auf dass man seine Schlüsse zieht
aus der gezeigten Klarheit.

Und wieder einer dargestellt,
im großen Spiel verschwunden.
Die Wahrheit wird nicht klargestellt
und gar nicht gut gefunden.

Störenfried

Eena stört hier meene Denke,
den ick viel Vatrauen schenke.
Aba, damit is jetz Schluss,
Alta, da vazicht ick druff!
Wie a meent wär ick zu einsam
und er wäre für „jemeinsam",
aba ick hör bloß JEMEIN!
Meene Antwort is denn NEIN.

Von der Rolle

Geh einfach weg,
lass mich allein,
ich kann dich nicht ertragen
und dir auch keine Freundin sein.
Du willst mir zu viel haben.

Was du mir sagst, erreicht mich nicht,
es handelt nur vom Kriegen,
und dich beneiden liegt mir nicht,
ich kann mich nicht belügen.

Es tut mir Leid für dich und mich,
da ist nichts mehr zu wollen,
denn auch Gefühle ändern sich.
Sie spielen keine Rollen.

Verlorene Kinder

Hilflos werden sie geboren
Lieblos wachsen sie heran
Solche Kinder sind verloren
Wenn sie niemand lieben kann

Einsam ziehn sie ihre Kreise
Von der Hoffnung bis zum Tod
Solche Kinder sterben leise
Keiner sieht die innre Not

Jahr für Jahr nur auf der Suche
Nach dem was man Liebe nennt
Folgen sie dem eignen Fluche
Der nur Wut und Ängste kennt

Werden sie doch angenommen
Dort, wo man ihr Leiden kennt
Fühlen sie sich unvollkommen
Einsam, irgendwie getrennt

Sie misstrauen jedem Lieben
Jeder Freundschaft, jedem Kind
Es ist nur die Angst geblieben
Dass sie nicht zu lieben sind

Und sie kämpfen sich durchs Leben
Voller Angst vor dem Verlust
„Niemand wird mir Liebe geben
Ach, ich hab es doch gewusst!"

Von unten

Von unten ist es furchtbar schwer
nach oben zu gelangen,
es sei denn, man gibt sehr viel mehr
als jemals zu empfangen.

Da unten macht man sich was vor
und denkt, die sind gescheiter.
Man wünscht sich sehnsüchtig empor
auf der Karriereleiter.

Schon vor der Mitte gibt's Krawall,
plötzlich wird man beneidet
und schützt sich nur vor einem Fall,
indem man Rücksicht meidet.

Freunde hat man bald nicht mehr,
höchstens unter denen,
die im Stoß- und Schubverkehr
mit gemeinsam stöhnen.

Wettbewerb kann herrlich sein,
aber auch gefährlich.
Jeder will hier clever sein,
keiner ist mehr ehrlich.

Welche Gnade, welches Glück
trifft da plötzlich einen:
Er bekommt sein Haus zurück.
Und die Neider weinen.

Irgendwann hat man's geschafft,
ist jetzt endlich wer.
Doch es fehlt an Lebenskraft.
Mancher kann nicht mehr.

Großes Haus und schnelles Boot,
alles nur vom Feinsten,
aber innerlich wie tot –
manchmal schon die Kleinsten.

Wissen wird zum Sammelzwang,
Reisen bildet weiter.
Ohne den Zusammenhang
wird kein Mensch gescheiter.

Ohne Bildung kein Gewinn?
– Welche Ignoranz!
Freiheit ohne Ziel und Sinn
ist ein Totentanz.

Von oben nennt man es Gewinn,
von unten eine Plage.
Wie gut, dass ich von unten bin
und meine, was ich sage.

Von wegen

WIR SIND EINE WELT
Dass ich nicht schallend lache
Hier wächst die Armut da das Geld
In altbekannter Masche

Egal wie groß der Hunger ist
Wie viele Kinder sterben
Wer Kaviar und Hummer frisst
Hat noch mehr zu vererben

Ein Scheich beschenkt sein kleines Land
Mit Arbeit und Palästen
Wie schön dass man das Öl dort fand
Nun zählt es zu den besten

Das Menschenrecht macht alle gleich
Ein Treppenwitz der Zeiten
Die Führer aus dem 4. Reich
Sind schon am vorbereiten

Erkennbar ist was jeder sieht
Im Kleinen wie im Großen
Es ist der große Unterschied
Er wurde längst beschlossen

Der Mensch ist nur noch soviel wert
Wie er besitzt und hortet
Ein Milliardär wird sehr verehrt
Auch wenn er stiehlt und mordet

Vor Gott sind alle Menschen gleich
Das wird uns fest versprochen
Von wegen vor dem Himmelreich
Wird erst noch Recht gesprochen

Auch Gott macht einen Unterschied
Doch der bleibt ziemlich vage
Denn niemand weiß was da geschieht
Auch hier hilft keine Klage

Vorm Spiegel

Hör auf! Vergiss die ganze Scheiße!
Hör einfach nur auf dein Gefühl,
entdecke auf die beste Weise
dein Leben und dein neues Ziel.

Du kannst nichts ändern was nicht da ist,
nur fühlen, was du vor dir siehst,
und glauben, dass es wirklich wahr ist,
dass du dein Held im Leben bist.

Verlass dich nicht, und nicht auf jene,
die glauben, dass du leidend bist.
Sie machen dir erst die Probleme,
durch die du selbst dein Ziel vergisst.

Hau ab! Versteck dich eine Weile,
die beste Hilfe hast du schon.
Dein Ziel verträgt gar keine Eile.
Und geh ja nicht ans Telefon!

Du musst nicht alles miterleben,
was man dir gerne anvertraut.
Du selbst hast dir etwas zu geben,
was sehr viel mehr zum Trösten taugt.

Lass dich nicht weiter so verwirren,
bleib nur bei dem, was du auch willst,
denn jeder andre muss sich irren,
weil er nicht weiß, wie du dich fühlst.

Wahre Schätze

Du erstickst in deinen Werten,
die dir all zu wichtig sind.
Es sind leider die verkehrten
und nur zum Gebrauch bestimmt.

Alles was dich so bereichert
bringt dich nur dem Ende nah.
Wahres Wertgefühl erleichtert
und befreit ganz wunderbar.

Lass dich nicht vom Geld regieren
und fang lieber damit an,
jene Werte zu verlieren,
die man nur besitzen kann.

Deine Zeit ist längst gekommen,
doch dein Herz schreit nach Gewinn.
Du hast so viel mitgenommen,
doch du fragst dich nie, wohin.

Schau doch endlich nach den Schätzen,
die nicht in Regalen stehn.
Auf den Straßen und den Plätzen
kann man sie tagtäglich sehn.

Doch denk nie mehr nur ans Sammeln,
wenn du einen Wert erkennst.
Wahre Schätze, die vergammeln,
wenn du sie dein Eigen nennst.

Wandervögel

Er war der beste, tollste, größte
Ihn nannten alle Wander-Karl
Wie er seine Probleme löste
Das war einfach phänomenal

Er hatte einen Schlag bei Frauen
Und kam bei vielen schnell in Fahrt
Er konnte sich gut anvertrauen
Auf seine ganz spezielle Art

Die eine wurde Therapeutin
Die andre mehr die große Schwester
Die dritte war die gute Freundin
Für alle war er bald ihr Bester

Wann immer er Probleme hatte
Suchte er ein warmes Nest
Stand immer wieder auf der Matte
Setzte sich in Herzen fest

Sein Thema war die große Liebe
Er traute sie sich selbst nicht zu
Doch wenn sie käme, bei ihm bliebe
Dann hätte seine Seele Ruh

So haben Dutzende von Frauen
Versucht, diejenige zu sein
Und blieben trotz seines Vertrauens
Am Ende ohne Karl, allein

Karl wanderte sehr gerne weiter
Sobald er ein Gefühl empfand
Das wie die große Himmelsleiter
Ihm fürchterlich im Wege stand

Er fand auch viele tolle Frauen
Die ihn verschmähten trotz Genuss
Auch denen schenkte er Vertrauen
Und sehr viel mehr noch bis zum Schluss

Gebrochen, schwer verletzt und müde
Kehrte er doch dahin zurück
Wo er mit altvertrauter Lüge
Willkommen war und hatte Glück

Es gab da doch noch eine Seele
Die ihn so liebte wie er war
Es war die alte Wander-Lene
Und die verstand ihn ganz und gar

Wat wäre, wenn...

Wat wäre, wenn ick dir nich hätte
Ick wär valoren, jede Wette
Weil du meen Een und Allet bist
Und ohne dir wär allet Mist

Ick denke Tach und Nacht an dir
Und wenn de da bist, freu ick mir
Und wenn nich, isset ooch ejal
Ick seh dir vor mir – übaall

Meen Herz jeht uff, wenn ick dran denke
Det ick dir meene Liebe schenke
Et jeht mir wundabar dabei
Ick fühl mir endlich richtich frei

Ooch wenn du mir nich janz so liebst
Und mir ooch keene Küsse jibst
Det macht mir nüscht, is ooch ejal
Du bist die Liebe meena Wahl

Und wenn de mir ma janz vajisst
Und mir keen bisken mehr vamisst
Denn weeß ick doch, det es dir jibt
Den Mann, der mir nich janz so liebt

Denn hab ick bloß noch meen Jefühl
- Wat heeßt hier bloß, det is sehr viel
Die Liebe lebt und macht mir frei
Von Stress und Alltachseenalei

Sie lässt die Blumen bunta blühn
Und ooch die Sterne hella glühn
Sie jibt mir Powa und Elan
Und treibt mir imma wieda an

Wat wäre wenn ick die nich hätte
Allet wär grau – und jede Wette:
Du würdst mir jar nich jerne kenn'
Jeschweije denn ma mit mir penn'

Weil ick Lehra bin

Morjens, kurz vor achte,
schleich ick mir janz sachte
in die Schule rin,
weil ick Lehra bin.

Chaos uff den Jängn,
Tee hilft mir vadrängn,
höre noch nich hin,
weil ick Lehra bin.

Wenn die Klingl schellt,
loof ick wie bestellt
in die Klasse rin,
weil ick Lehra bin.

Keena hört mir zu,
ick will meene Ruh,
laber vor mir hin,
weil ick Lehra bin.

Eena will nu Krach,
wie fast jedn Tach,
haut mir eene rin,
weil ick Lehra bin.

Lieje vor den Schrank,
denke Jottseidank!
Rente! Wundaba,
det ick Lehra wa.

Seh mir schon uff Reisn,
um mir zu beweisn,
det ick wirklich bin
– und denn bin ick hin.

Wenn der Eros sichtbar schwindet

Wenn der Eros sichtbar schwindet
und die Libido nichts findet
was noch zu ersehnen wär,
fällt der Abschied nicht mehr schwer.

Eine Liebe ist vergangen.
Leidenschaft, Lust und Verlangen
sind auf einmal nicht mehr da.
Nur die Trauer geht noch nah.

Wird schon

Wenn dir mal die Worte fehlen,
um zu sagen was du fühlst,
lass dich nicht mit Fragen quälen,
sondern mache, was du willst.

Was auch immer du entscheidest,
wird für dich das Beste sein,
denn Gefühle, die du meidest,
holen dich am Ende ein.

Du kannst dich auf dich verlassen,
dein Gefühl bleibt immer da.
Manchmal kann man es kaum fassen,
dass es so gewaltig war.

Irgendwann siegt deine Seele
und du sprichst aus ihr heraus.
Sie erteilt keine Befehle,
du führst deine Träume aus.

Wenn ich du wär …

Wenn ich du wär
Würd' ich viel mehr für mich machen
Wenn ich du wär
Würd' ich Geld zusammenraffen
Und mit mir auf große Reise gehn
Wenn ich du wär,
wär dein Leben richtig schön

Wenn ich du wär,
würd' ich nicht mehr rauchen
würd' mir endlich mal was Tolles kaufen
Wenn ich du wär,
hätt ich längst ein Haus
Deine Bude sieht erbärmlich aus

Wenn ich du wär,
würd' ich Fitness treiben
um wie ich so schlank zu bleiben
Wenn ich du wär,
hätt ich einen Mann
der mich lieben und begehren kann

Wenn ich du wär,
würd' ich jetzt was sagen,
würde fragen, streiten oder klagen
Wenn ich du wär,
wär ich nicht so still
Wenn ich du wär,
wüsst ich was ich will

Wenn ich du wär,
wüsst ich ziemlich viel
Wenn ich du wär,
hätt ich auch ein Ziel
Meine Antwort
Freut dich sicherlich:
Wenn ich du wär,
wär ich lieber ich!

Wenn ich einen Partner hätte

Wenn ich einen Partner hätte,
würd' ich öfter shoppen gehen
und ich wäre – jede Wette –
attraktiv und wunderschön.

Wenn ich einen Partner hätte,
wär ich nicht mit mir allein
und ich wüsste was ich täte,
um es niemals mehr zu sein.

Wenn ich einen Partner hätte,
wär mein Leben ganz normal.
Nirgendwo – auch nicht im Bette –
hätte ich die Qual der Wahl.

Wenn ich einen Partner hätte,
wär ich nicht so furchtbar frei.
Sehnsucht, Angst und Stoßgebete
wären vielleicht auch vorbei.

Wenn ich einen Partner hätte,
wär ich endlich ganz normal
und ich wüsste was ich täte:
Lieben, ja, auf jeden Fall!

Wenn ich einen Partner hätte,
wär ich nicht so ein Problem.
Ob bei Dinner oder Fete,
Singles sind oft unbequem.

Wenn ich einen Partner hätte,
wär ich nur zur Hälfte da,
meistens als die ganz, ganz Nette
aus dem spätverliebten Paar.

Wenn ich einen Partner hätte,
wär das Wir-Gefühl so schön,
dass ich alles dafür täte,
um die Wahrheit nicht zu sehn.

Wenn ich einen Partner hätte,
wär er plötzlich nicht mehr da,
weil die liebe, gute Nette
niemals seine Liebste war.

Wenn ich einen Partner hätte,
wär das Leben wunderschön
und ich hätte –jede Wette –
überhaupt gar kein Problem.

Wenn vieles wieder rückwärts geht

Wenn vieles wieder rückwärts geht
Der Fortschritt sich im Kreise dreht
Die Wirtschaft rote Zahlen schreibt
Der Unsinn schrille Blüten treibt
Und Bildung nur darin besteht
Zu wissen, es ist eh zu spät
Für Solidarität und Mut
Weiß auch der Letzte
Nichts wird gut

Die Menschlichkeit bleibt auf der Strecke
Denn alles dient nur einem Zwecke
Soviel wie möglich zu behalten
Trotz Krise und Naturgewalten
Den Wachstumswahnsinn fortzusetzen
Lieber Gesetze zu verletzen
Als einen Irrtum einzusehn
Irrglaube ist nie zu verstehn

Die Mehrheit lässt sich darauf ein
Wohl wissend, es wird wieder sein
Wie immer, wenn der Mensch sich denkt
Dass er hier die Geschicke lenkt
Und jeden Zweifler so beraubt
Dass er am Ende auch dran glaubt

Das Ende hat schon längst begonnen
Ein Bruchteil hat viel Geld gewonnen
Die allermeisten sind verloren
Sie werden in die Welt geboren
Die ihnen gar nichts bieten kann
Außer Neid und Größenwahn

Wer ist der Nächste?

Ach, weißt du was, ich hab es satt,
das Leben hier in dieser Stadt.
Hier denkt doch jeder nur an sich
und jammert ständig: „Wo bleib ich?"

Am schlimmsten sind die Wahlstrategen,
die eifrig Bürgernähe pflegen,
nur um nach der erfolgten Wahl
sie aufzugeben – überall.

Wo keiner mehr mit keinem spricht,
da wächst auch die Gemeinschaft nicht.
Mehr Toleranz heißt hier doch nur:
Von Interesse keine Spur.

Integration wird groß geschrieben,
auf Banner, und das war's dann auch.
„Du solltest deinen Nächsten lieben"
ist ein sehr unmoderner Brauch.

„Wo kämen wir hin, wenn alle blieben,
die bei uns vor den Toren stehn.
Die Welt ist voll von Taschendieben.
Das muss man auch mal so rum sehn."

So tönt es hier, zu laut, zu oft,
kaum einer kann und will verstehn,
und dabei hab ich mal gehofft
den Nächsten mehr als Freund zu sehn.

In mir verstärkt sich der Gedanke,
was ist, wenn ich mal älter bin
und dann vielleicht sehr schwer erkranke.
Ob ich dann noch willkommen bin?

Ich schaue zu und ich verstehe,
nur zuzusehn macht keinen Sinn.
Ich bin die Nächste und ich gehe
dorthin, wo meine Nächsten sind.

Wie für uns gemacht

Jeder weiß was er getan hat
und er weiß auch meist warum.
Mancher hat schon längst den Wahn satt,
doch die Mehrheit macht ihn stumm.

Wo Verantwortung nur Wort ist
und man sich dagegen wehrt,
wo die Freiheit lange fort ist,
lebt ein ganzes Volk verkehrt.

Demokratisch wird entschieden,
dass man ganz alleine ist.
Jedes Vorbild wird vermieden,
weil es zu gefährlich ist.

Wahre Freiheit der Entscheidung
ist nicht möglich, denn man weiß,
jede Art der Trendvermeidung
hat hier einen hohen Preis.

Menschen, die viel hinterfragen,
gelten ziemlich schnell als dumm,
haben meistens nichts zu sagen,
sind schon in der Schule stumm.

Was hier zählt sind Fakten, Zahlen
und die Chance auf Gewinn.
Man ist stolz auf freie Wahlen,
ohne Rücksicht auf den Sinn.

Wenn wir eines Tages sterben,
glauben wir, es ist vollbracht.
Alles, was wir dann vererben,
war nur wie für uns gemacht.

Wieder sehn

Deine Zukunft liegt im Dunkeln
Und die Pläne sind dahin
Hör nicht was die Leute munkeln
Jammern macht jetzt keinen Sinn

Du gewinnst nichts, wenn du leidest
Oder jeden Schritt vermeidest
Weil du denkst er geht daneben
Fange lieber an zu leben

Mache und genieße Sachen
Die dir wirklich Freude machen
Und erfülle deine Pflicht
Zuverlässig – und mehr nicht

Schaue auf die schönen Dinge
Freu dich jeden Tag daran
Wenn es nur ums Haben ginge
Wärst du wirklich ärmer dran

Was du liebst trägst du im Herzen
Und das nimmt dir keiner weg
Der Verlust ist zu verschmerzen
Denn auch er hat Sinn und Zweck

Schenke allen dein Vertrauen
Menschen die auch zu dir stehn
Lerne Liebe aufzubauen
Und du wirst dich wieder sehn

Wo die Vernunft sich so beschränkt

Wo die Vernunft sich so beschränkt,
dass man zuerst ans Kriegen denkt,
kann man sie zwar im Kopf behalten,
aber im Leben nicht gestalten.

Worte und Taten

(Europas Werte)

Wer gern von Nächstenliebe spricht,
überlebt das meistens nicht,
denn er weckt den blinden Hass,
der schon immer tiefer saß.

Jeder möchte stärker sein
und nicht schwach und ganz allein.
Zu der Schwäche auch noch stehn?
Nein, das will hier niemand sehn!

Irgendwann ist einfach Schluss,
weil der Mensch sich schützen muss
vor der Übermacht der Schwachen,
und man muss ein Ende machen.

Jeder, der die Schwachen schützt,
weiß, dass das hier niemand nützt.
Wird erledigt – für viel Geld
von dem selbsternannten Held.

Zeit der Erwartung

Was soll man schenken, wenn nicht das
was man zu geben hat.
Man kauft oft eilig irgendwas
und davon nicht zu knapp.

Der Preis ist oftmals viel zu hoch,
man kann es sich kaum leisten.
Und trotzdem kauft man immer noch.
So machen es die meisten.

Der eine sagt, es ist sehr gut,
Konsum wird Arbeit schaffen,
ein anderer hat nicht den Mut,
sich selber aufzuraffen.

Die Zeit ist knapper als das Geld,
man muss an vieles denken.
Da hilft die schöne Einkaufswelt
auch sonntags mit Geschenken.

Erwartung ist hier so gemeint,
dass alle auf das hoffen
was vielen hier als Muss erscheint –
Skala nach oben offen.

Letztendlich schenkt man sehr viel Geld
und schenkt sich auch die Frage:
Was ist es, was uns wirklich fehlt?
Na was wohl, eine Gabe.

Ziemlich haarig

Jeder, der die Frauen kennt
Weiß was sie von Männern trennt
Es ist einfach ihre Art
Selbstbewusst und hammerhart
Wenn es um die Liebe geht
Männer denken oft zu spät

Erst wenn keine Frau mehr da ist
Und die nächste noch nicht klar ist
Sieht der Mann bisweilen ein
Ja, da muss was anders sein

Eine Frau ist konsequent
Was er so an sich nicht kennt
Eine Trennung trifft ihn hart
Doch er kämpft auf seine Art

Er muss Stunden überlegen
Das Problem im Kopf bewegen
Bis er spürt, es ist vorbei
Und sein Herz ist wieder frei

Voll des Lobes über Frauen
Die so ganz auf Liebe bauen
Spricht er gleich die nächste an
Die war früher mal ein Mann

Heute fühlt sie sich als Frau
Und weiß deshalb ganz genau
Dass ein Mann nicht lügen kann
Hört sich das erst gar nicht an

Reden stört zuweilen sehr
Ganz besonders hinterher
Wenn die Frage kommt „Wie war ich?"
Und die Antwort „Ziemlich haarig"

Ja, dann ist nicht mehr viel drin
Und es macht auch keinen Sinn
Nachzufragen wie sie's meint
Beide bleiben unvereint

Zappendusta

(Een dicka Hund)

Wenn et dusta wird in meene Seele,
wenn ick mir denn selba fehle
und ick nich mehr lachn kann,
denn bin ick am schlimmstn dran.

Jeda fraacht mir wat ick habe,
Nüscht, natürlich, bloß die Jabe
allet Jute nich zu kriejen.
Mir ooch selba zu belüjen mit det
wat ick wirklich habe:
Eene janz bekloppte Lage!

Zappendusta und alleene -
Hoffnungsschimma jibt et keene
und die Zukunft? - Jeh mir weg!
Jamman hat ooch keenen Zweck.

Bloß een dicka, schwarzer Hund
looft aus irjendeenen Grund
neben mir die Wege lang
bis in Sonnenuntajang…

Zappendusta und zusamm'
isset bessa uff'm Damm,
mit die Leine eng vabund'n
So is det mit dicken Hunden!

Zukunftsfreude

Geh doch weg, vergiss die Sehnsucht,
Warten hat doch keinen Sinn.
Frag dich nicht mehr, wer hier wen sucht,
nimm die Langeweile hin.

Schau nicht, was die andern machen,
sieh dich lieber selber an,
ob sie weinen oder lachen,
sei dir beides, Frau und Mann.

Jeder, der dich nicht beneidet,
sieht in dir die alte Frau,
die an den Verlusten leidet,
ihre Zukunft Grau in Grau.

Doch es gibt in jeder Gegend
Menschen, die noch älter sind,
aber dennoch sehr belebend
zeigen, was man fertig bringt.

Weiblich, männlich – was ist richtig?
Darauf kommt es nicht mehr an.
Nur der Mensch ist jetzt noch wichtig,
der das Herz erfreuen kann.

Zum Abschied

Und plötzlich scheinst du mir sehr fremd
Du wirkst so fahrig und gehemmt
Der Blick ganz hart, die Lippen schmal
Und jedes Lächeln wird zur Qual

Mir scheint, ich tu dir furchtbar leid
In meiner neuen Einsamkeit
Betroffen sprichst du vor dich hin
Das alles hat doch keinen Sinn

Und du hast Recht, mein alter Freund
Ich hatte es nur gut gemeint
Und wollte dich zum Abschied sehn
Du kannst für immer von mir gehn

Zum Kotzen

Ich hab ein interessantes Leiden,
noch unerforscht und ziemlich schlicht.
Ich kann den Brechreiz nicht vermeiden,
sobald jemand von Geldern spricht.

Die Menge spielt gar keine Rolle,
es ist das Sprechen über Geld,
und der Impuls – das ist das Tolle –
hat bisher nie sein Ziel verfehlt.

Natürlich bin ich häufig einsam,
das heißt, genau gesagt, allein,
und habe nicht mehr viel gemeinsam,
ohne den Kampf um Sein durch Schein.

Mir geht es gut, solang ich sehe,
dass man sich auch verstehen kann,
ohne die Zähler in der Nähe,
von denen keiner rechnen kann.

Man muss mit allem rechnen, heißt es,
doch das ist vielen viel zu viel.
Und mancher Schicksalsschlag beweist es:
Das Leben ist ein Lottospiel.

Beratung bei der Bank

Junge Frau, das geht zu schnell,
was soll denn das bedeuten?
Ich höre was von Klientel
und klugen alten Leuten.

Sie unterschätzen mein Gefühl,
wenn Sie es ständig wagen,
im heutigen Beratungsstil
die Wahrheit nie zu sagen.

Ich weiß schon lange, wer Sie sind
und was Sie von mir wollen.
Auch, wer am Ende alles nimmt,
was Sie mir stehlen sollen.

Sie geben sich zwar alle Müh,
ganz menschlich zu erscheinen,
doch ein Betrüger, so wie Sie,
kann gar nichts ehrlich meinen.

Sie tun mir jetzt schon herzlich leid,
obwohl Sie mich verletzen,
denn Tausende stehn schon bereit,
um Sie bald zu ersetzen.

Wenn Sie in meinem Alter sind,
dann wird es nichts mehr geben,
was Ihnen noch ein andrer nimmt,
außer vielleicht Ihr Leben.

Sie stehen nicht vor dem Ruin,
wenn Sie sich standhaft weigern,
Gewinne aus Betrug zu ziehn
und Heime zu versteigern.

Sie sind es, die sich wehren muss,
das Kleingedruckte lesen! –
sonst ist bald mit den Werten Schluss
und Sie auch schuld gewesen.

Natürlich ist man nicht beliebt,
das sollten Sie schon wissen,
wenn man die Leute nicht belügt,
und man wird leiden müssen.

Doch noch hat jeder hier die Wahl,
ein guter Mensch zu werden,
und das ging niemals ohne Qual,
für keinen hier auf Erden.

Bettelstaaten

Geld war schon immer ein Problem
für die, die keines hatten,
denn Betteln ist nicht angenehm,
auch nicht für ganze Staaten.

Man wird gerügt, belehrt, gemobbt
und heimlich aufgegeben.
Kaum einer, der die Häme stoppt.
Man kämpft ums Überleben.

Und wehe man beschwert sich noch
und bittet um Verständnis.
Der Schuldenberg beweist es doch:
Es fehlte an Erkenntnis.

Erkenntnis ist ein großes Wort
und sie fehlt meistens jenen,
die allzu gern und immerfort
das Wort so oft erwähnen.

Dämlich

Wenn mich einer richtig quält
Weil er sich für herrlich hält
Dann beweis ich mir und ihm
Dass ich unabhängig bin
Völlig frei adieu zu sagen
Denn ich muss ihn nicht ertragen
Aber er braucht immer einen
Dummen schwachen treuen Kleinen
Um sich richtig groß zu fühlen
Und die Angst zu überspielen
Die ihn schon so lange quält:
Dass man ihn für dämlich hält

Manche Menschen glauben nämlich
Man ist ganz besonders dämlich
Wenn man andre wichtig nimmt
Weil sie einfach richtig sind
Wenn man sie von Herzen liebt
Ihnen gern Geschenke gibt
Und sogar noch auf sie hört
Solche Menschen sind gestört
Werden nie das Glück erleben
Selber einmal das zu geben
Was sie lebenslang verachten
Und als Dämlichkeit betrachten

Burnout

So mancher fühlt sich ausgebrannt,
vermisst sein altes Feuer
und leidet unter allerhand.
Das bremst ihn ungeheuer.

Fast immer scheint die Arbeit schuld,
der Stress und die Kollegen.
Es mangelt vielen an Geduld
und Mitgefühl? – Von Wegen!

Ist man zudem noch abgebrannt
und kann sich wenig leisten,
wird man als Loser-Typ erkannt.
Den meiden hier die meisten.

Und ist man erstmal ganz allein,
wird Fallen unausweichlich.
Man fühlt sich schon sehr bald sehr klein,
denn Helfer gibt es reichlich.

Der alte Status ist dahin,
man ist nie wieder tüchtig.
Die Helfer ernten den Gewinn,
denn das Syndrom macht süchtig.

Sie leben von der Macht durch Kraft
und brauchen viele Opfer,
denn Macht ist ihre Leidenschaft
wie die der Sprücheklopfer.

Am Ende will man nur noch weg
und hofft auf neues Leben.
Doch leider geht man mit Gepäck
ins gleiche Dorf daneben.

Das Ende kommt mit Riesenschritten

Das Ende kommt mit Riesenschritten
und was danach ist, weiß man nicht.
Wen soll man noch um Hilfe bitten,
zum Fallen reicht schon ein Gerücht.

Die Angst regiert in allen Ecken
und großen Städten dieser Welt.
Man sucht den Platz, um zu verstecken,
was anderswo so dringend fehlt.

Schon wittern manche ihre Chance
und greifen mit den Fäusten an.
Ein Land gerät aus der Balance,
weil es sich nicht mehr wehren kann.

Der Mob bedient sich an den Früchten,
die sonst so unerreichbar sind,
wird angestachelt von Gerüchten,
die er aus Netzen übernimmt.

Da unten braut sich was zusammen,
und unten, das ist überall.
Bald steht nicht nur das Haus in Flammen,
die Werte sind im freien Fall.

Die alten Leute klagen heimlich,
dass ihre Werte untergehn,
aber kaum einem ist es peinlich,
nurmehr das Eigentum zu sehn.

Und ganze Völker hungern weiter,
ohne dass sich einer fragt:
Wäre denn Helfen nicht gescheiter? –
Wird mit der Spende abgehakt.

Ja, diese Welt hat große Sorgen,
und viel zu viele; um zu sehn:
Unsre schöne Welt von morgen
und die von heute untergehn.

Da hilft kein Jammern oder Klagen,
die alte Welt kehrt nicht zurück.
Doch mancher hier kann dankbar sagen,
er hatte bisher sehr viel Glück.

Das geht mich überhaupt nichts an

Es geht mich überhaupt nichts an,
wenn Frauen sich entscheiden
für eine Ehe ohne Mann.
Ich muss nicht drunter leiden.

Es geht mich überhaupt nichts an,
wenn Menschen Kinder kriegen
trotz Armut, Angst und Wachstumswahn.
Die Träume sind verschieden.

Es geht mich überhaupt nichts an,
ich will den Grund nicht kennen,
warum sich irgendwo ein Paar
entscheidet, sich zu trennen.

Es geht mich überhaupt nichts an,
wenn Menschen sich zerstören
im allgemeinen Schönheitswahn.
Ich will nichts sehn und hören.

Es geht mich überhaupt nichts an,
wenn manche Menschen glauben,
dass man die Engel sehen kann.
Man glaubt ja auch den Augen.

Das geht mich alles gar nichts an –
und deshalb will ich schweigen,
und diesem Unterhaltungswahn
die kalte Schulter zeigen.

Und tschüss!

Hau ab!
Verschwinde!
Mach ne Fliege!
Komm in die Hufe,
mach ne Biege!
Ich will dich hier
nie wieder sehn,
geschweige denn,
dir nahe stehn.

Zisch ab!
Zieh Leine und
verschwinde
hin, wo ich dich
nicht wieder finde!
Weich endlich mal
von meiner Seite!
Geh weg!
Hau ab
und such das Weite!

Zieh Leine!
Geh schon
und verpiss dich!
Glaub aber ja nicht,
ich vermiss dich!
Ich kann und will dich
nicht mehr sehn,
will endlich mal
alleine stehn.
Mit dir kann ich
nicht glücklich sein.
Drum lass mich
wenigstens
allein!

Über mich

Nach meiner Tätigkeit als Lehrerin an einer Berliner Hauptschule und an einer Comprehensive School in York (England) begann ich 2001 Gedichte zu schreiben, die meisten zu tagesaktuellen Themen.

„Ich möchte lesen, was ich denke", war damals meine Begründung. Heute möchte ich auch anderen Menschen zu denken geben und sie zum Gespräch anregen. Wichtig ist mir dabei, keine überhobene Form der Sprache zu benutzen, sondern eine einfache, wie die Dialekte und Sprachen, die ich im Laufe meines Lebens migrationsbedingt gelernt habe. Daher eignen sich die Texte auch für Deutsch Lernende. Manchmal schreibe ich unter dem Pseudonym „Johanna von Wegen".

Seit einigen Jahren gehöre ich zu der Literatur-Gruppe der „Hofpoeten" am Mittelhof in Berlin-Zehlendorf, deren Mitglieder Rainer Peterburs, Karl Rodenberg und Ulrich Conrad mir maßgeblich bei der Realisation des Buches geholfen haben. DANKE, Ihr Lieben! Allein hätte ich das nicht geschafft.

In eigener Sache:

Ich bedanke mich für den Kauf dieses Buches.
Sollte es gefallen, würde ich mich über entsprechende Rezensionen, Empfehlungen und Bewertungen an jeder denkbaren Stelle, z. B. auf Buchblogs, auf sozialen Netzwerken oder im Bekanntenkreis sehr freuen, zumal ich selbst wenig Möglichkeiten zur Werbung habe.

Johanna Ingrid Preibisch